The Cat

Ari Marcopoulos

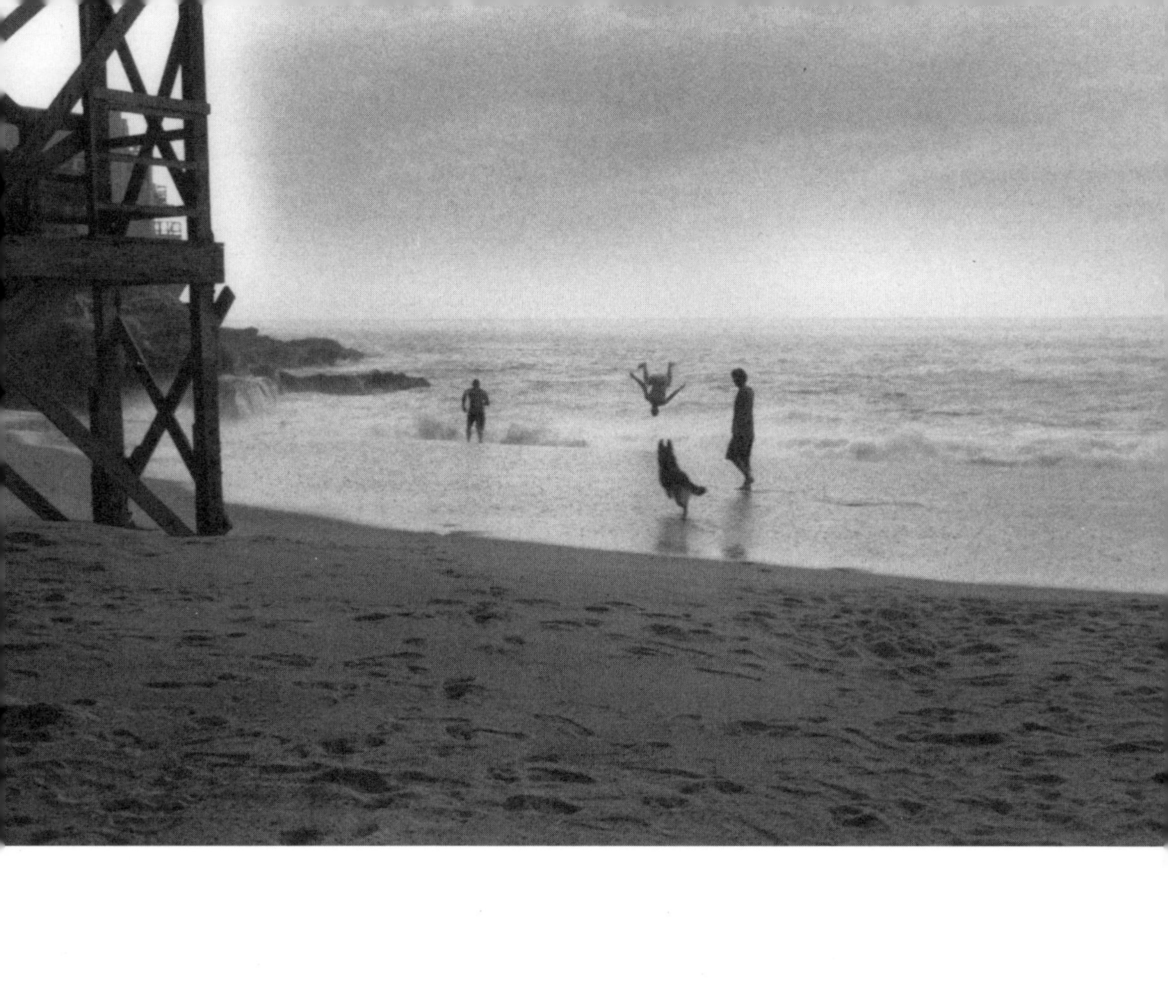

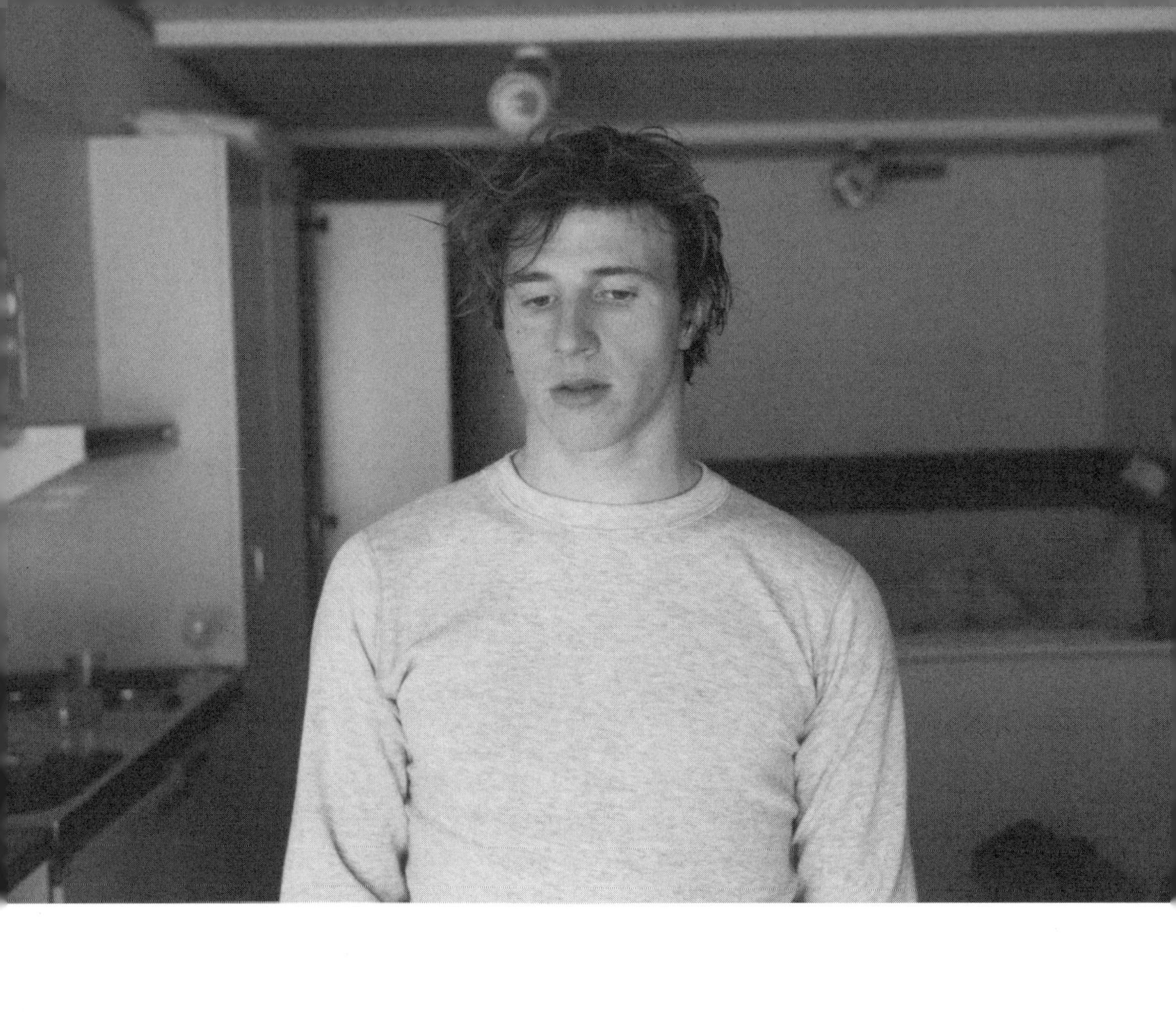

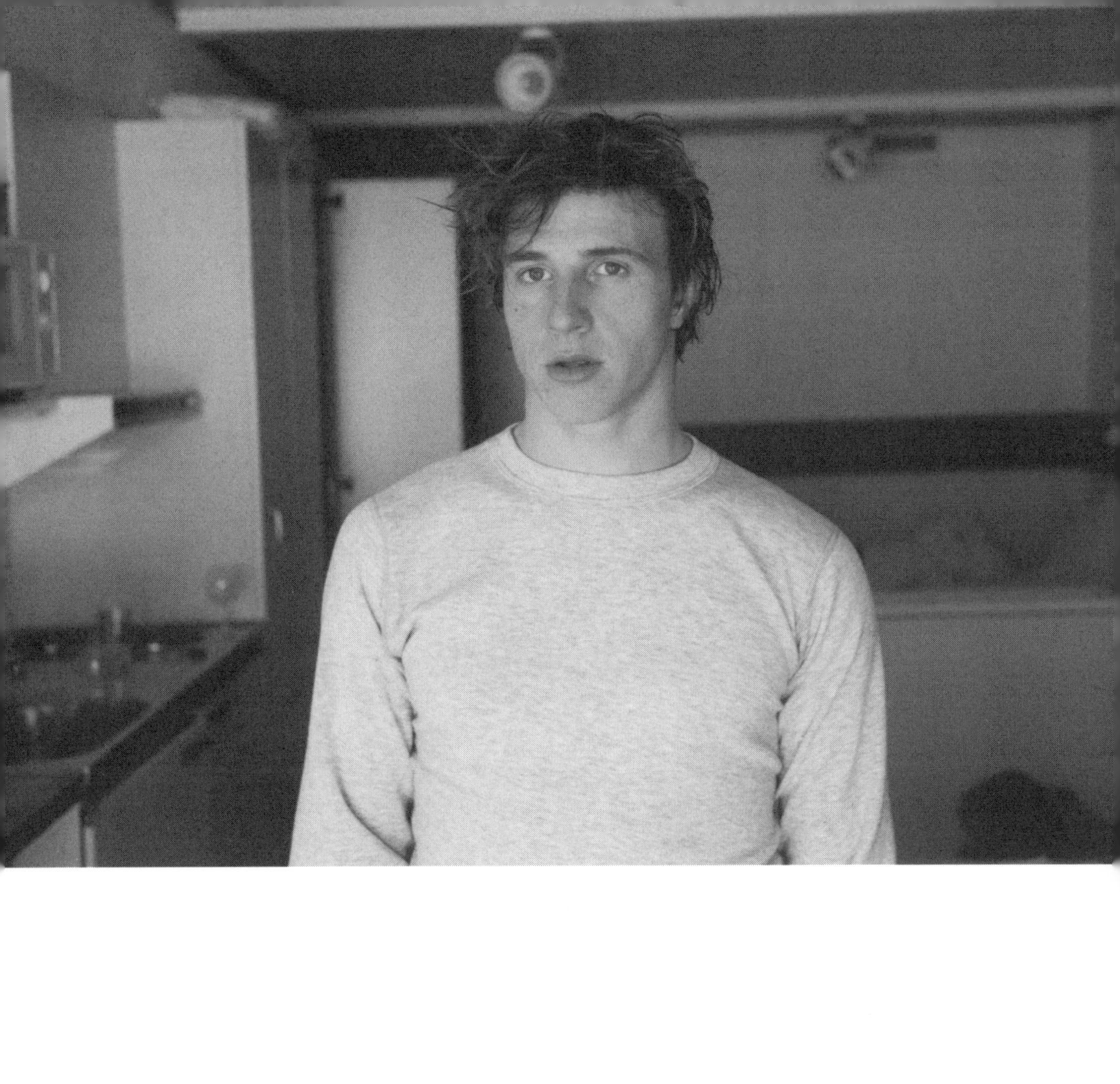

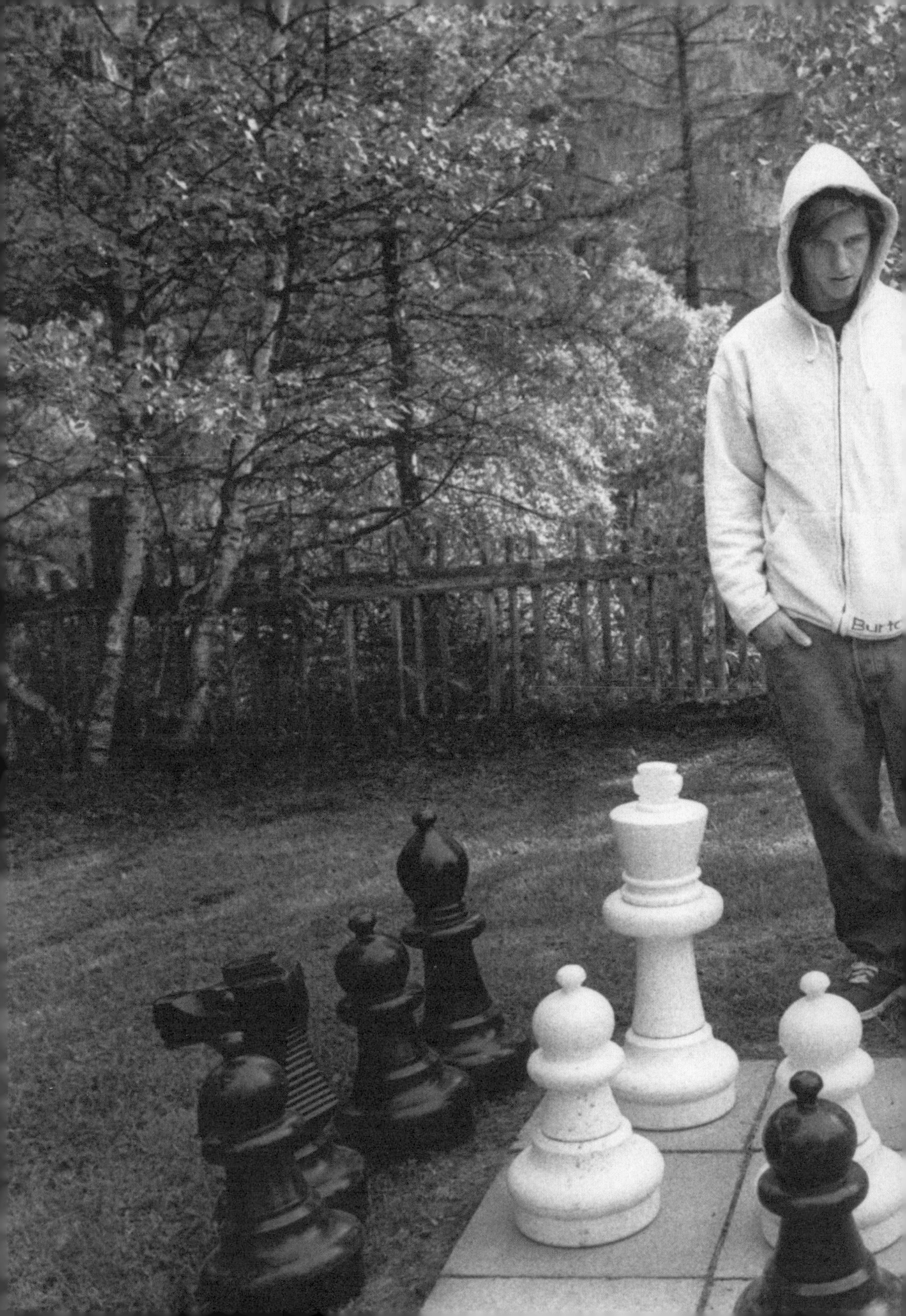

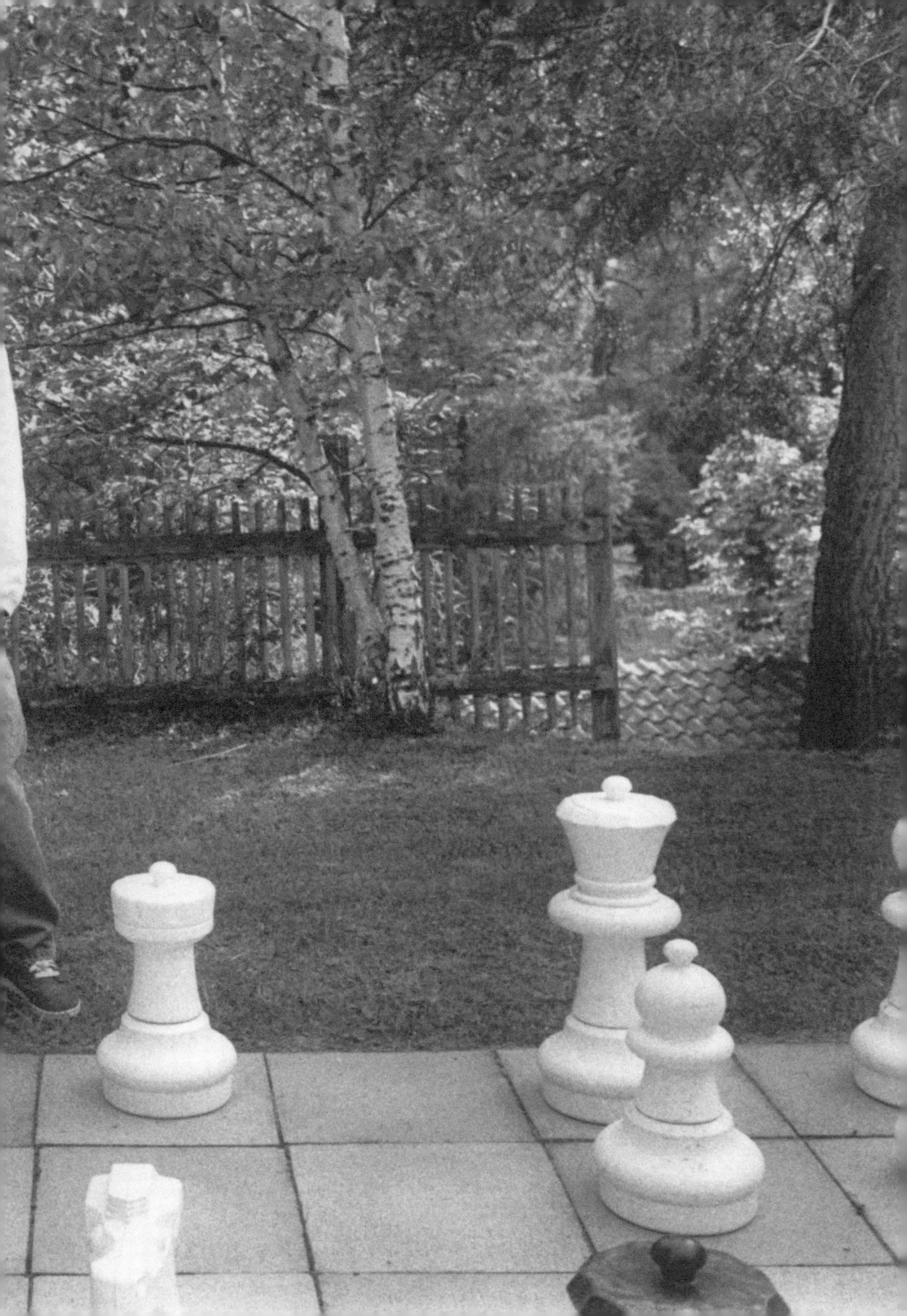

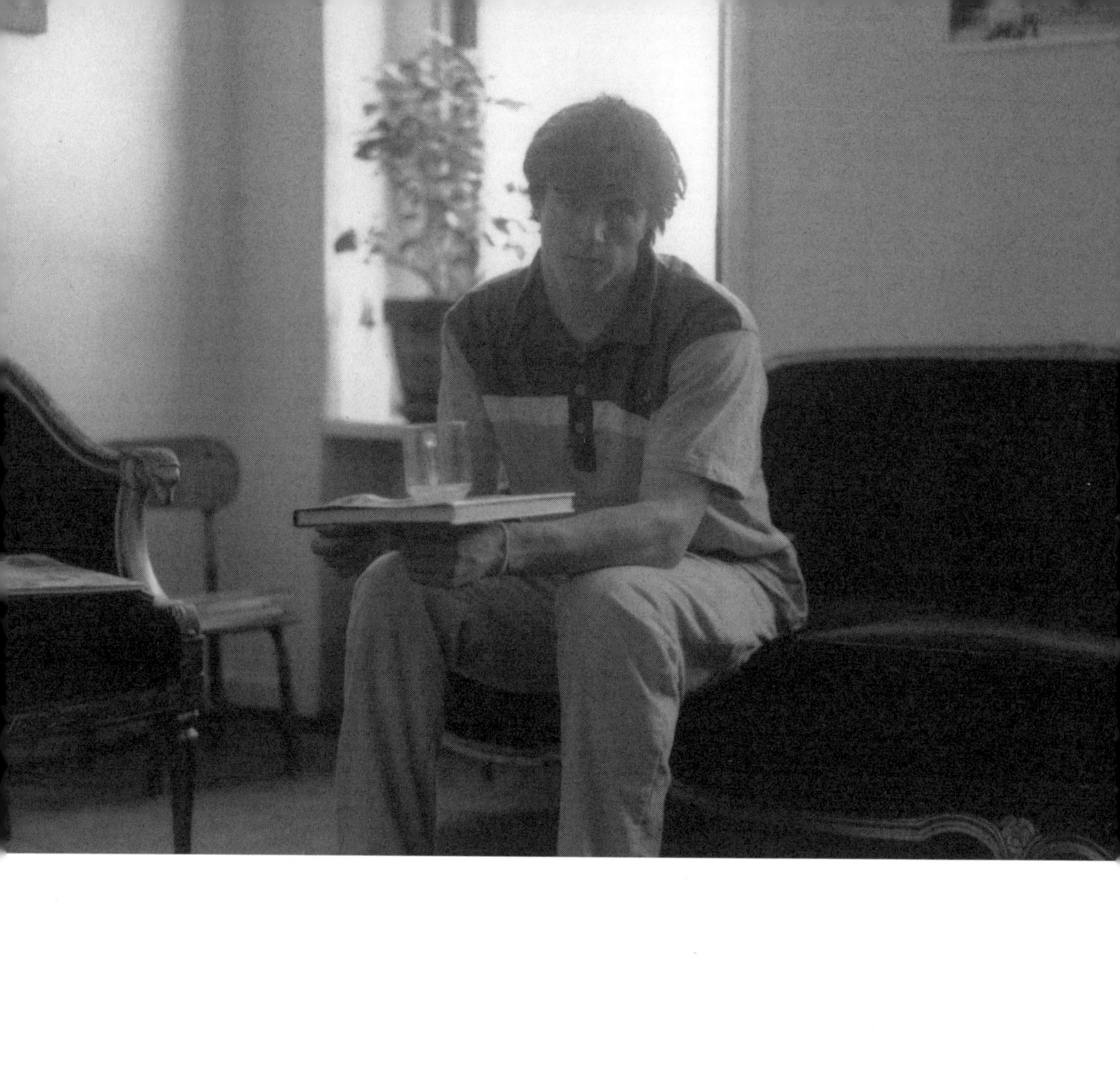

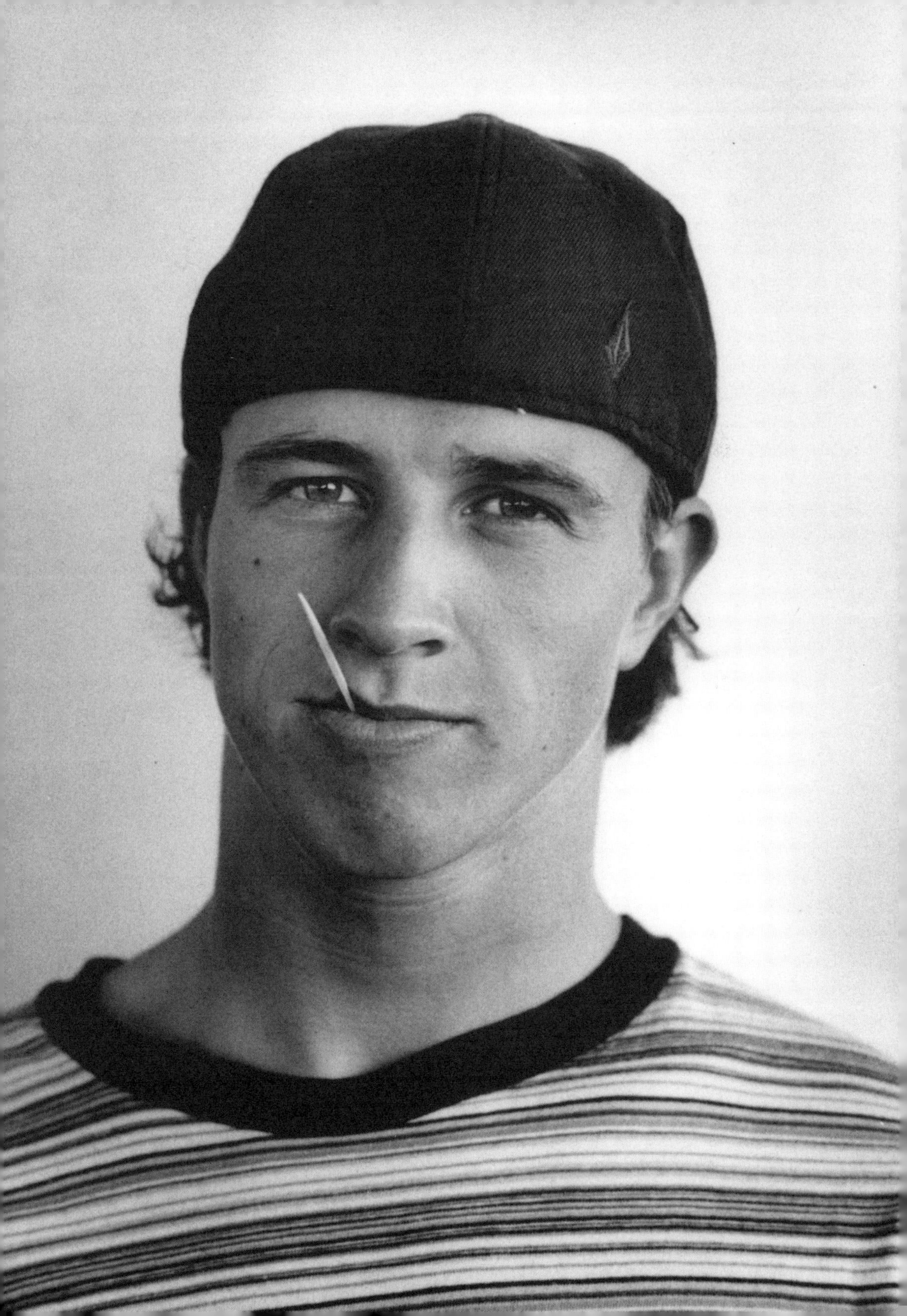

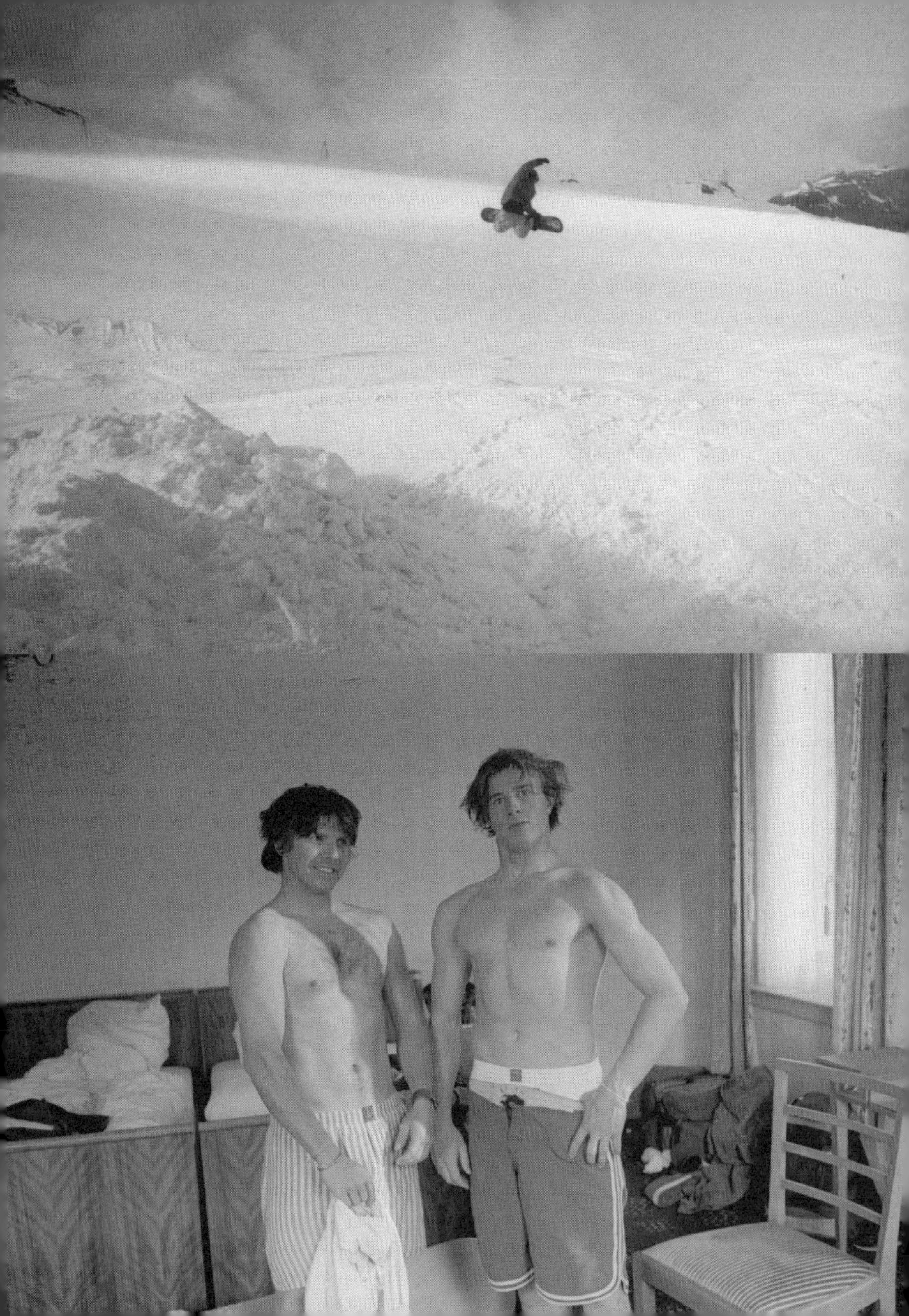

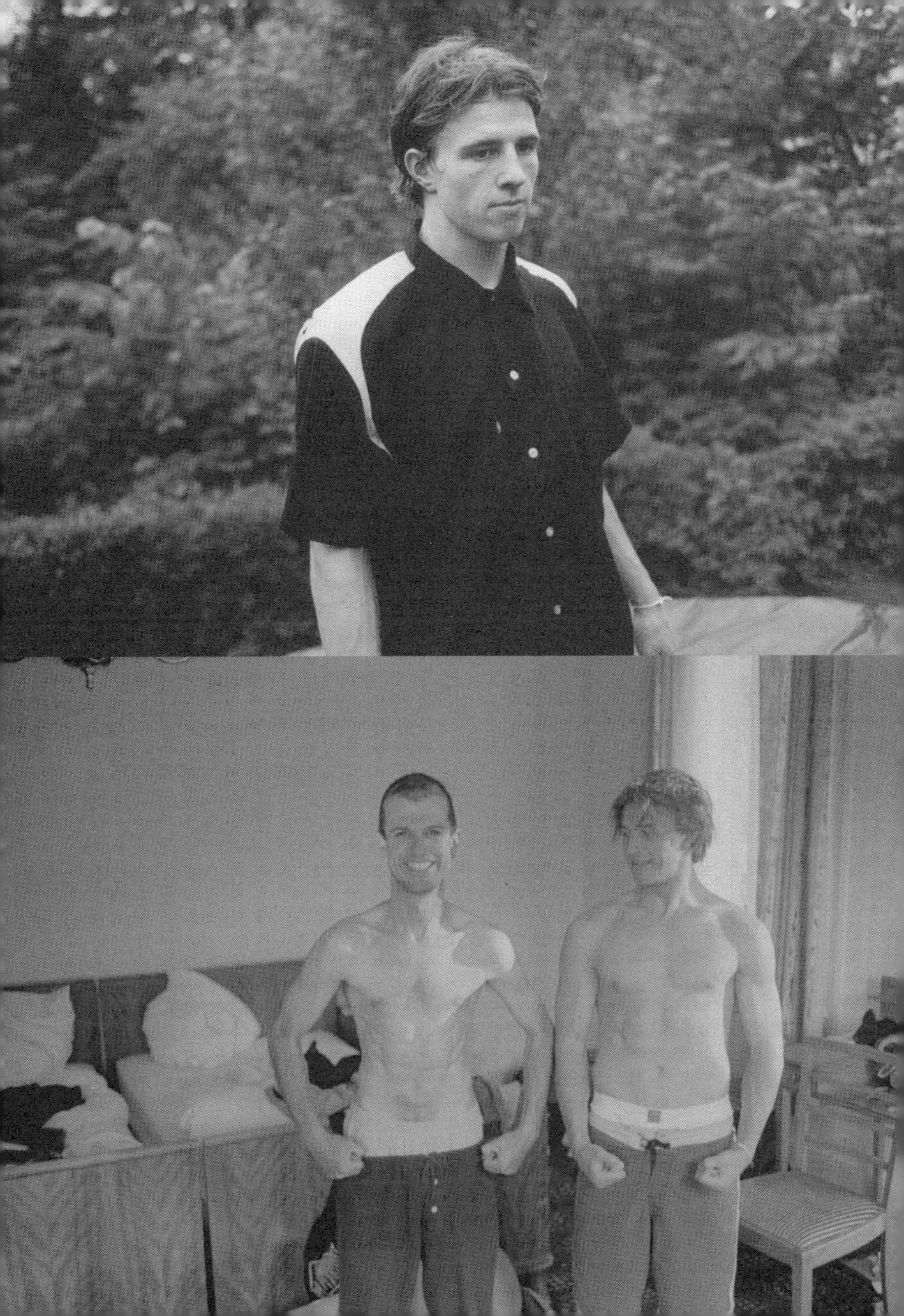

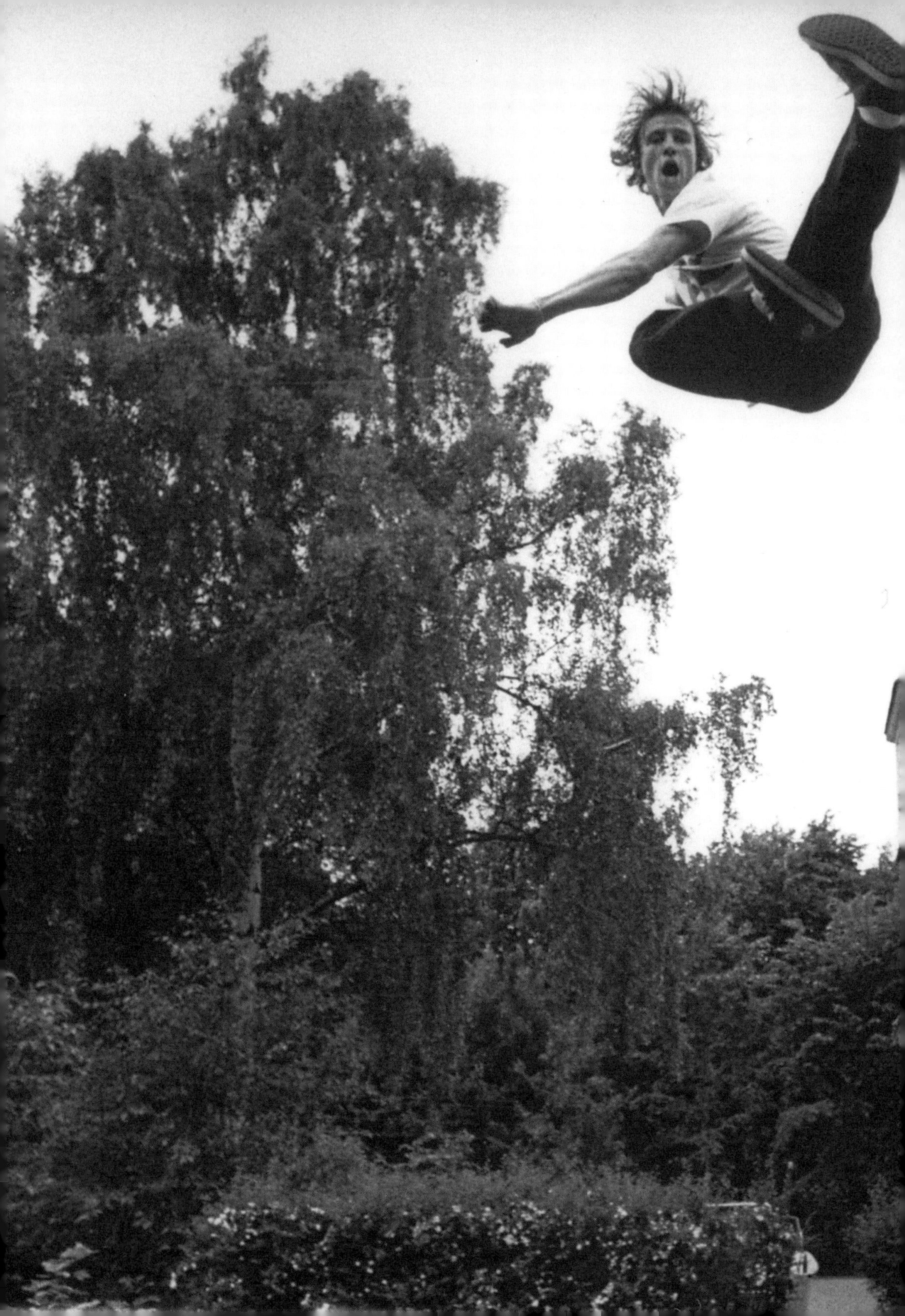

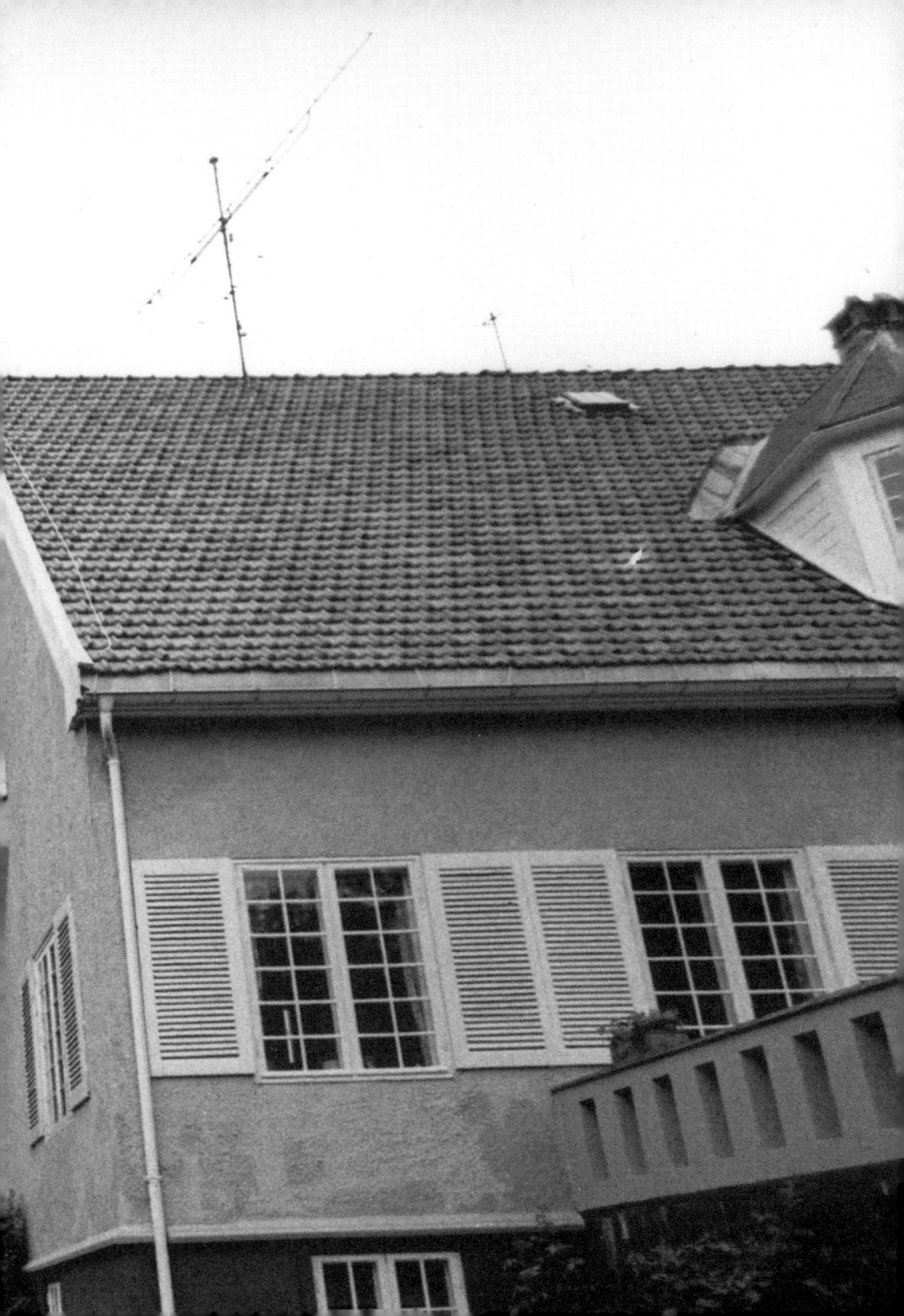

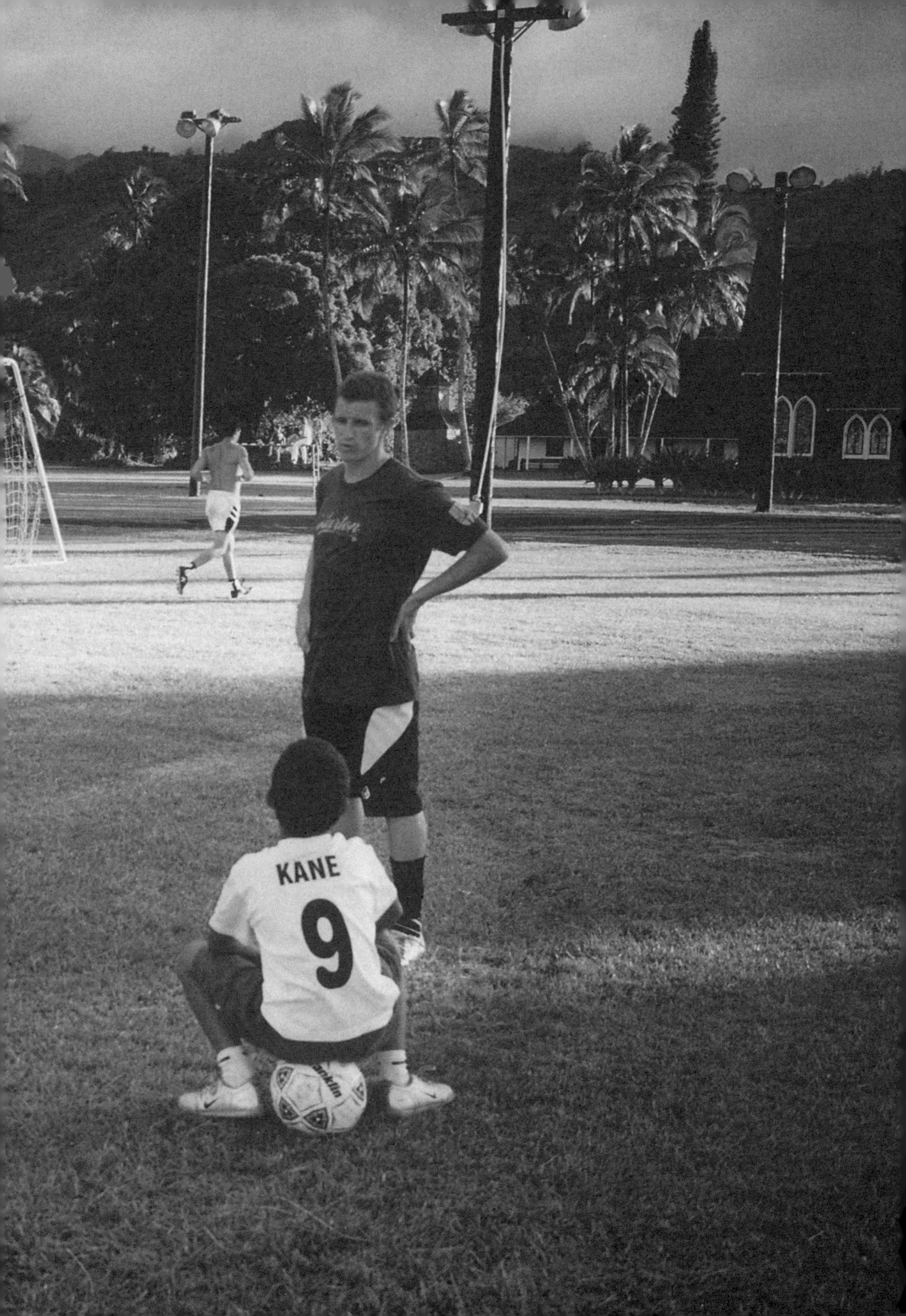
KANE
9

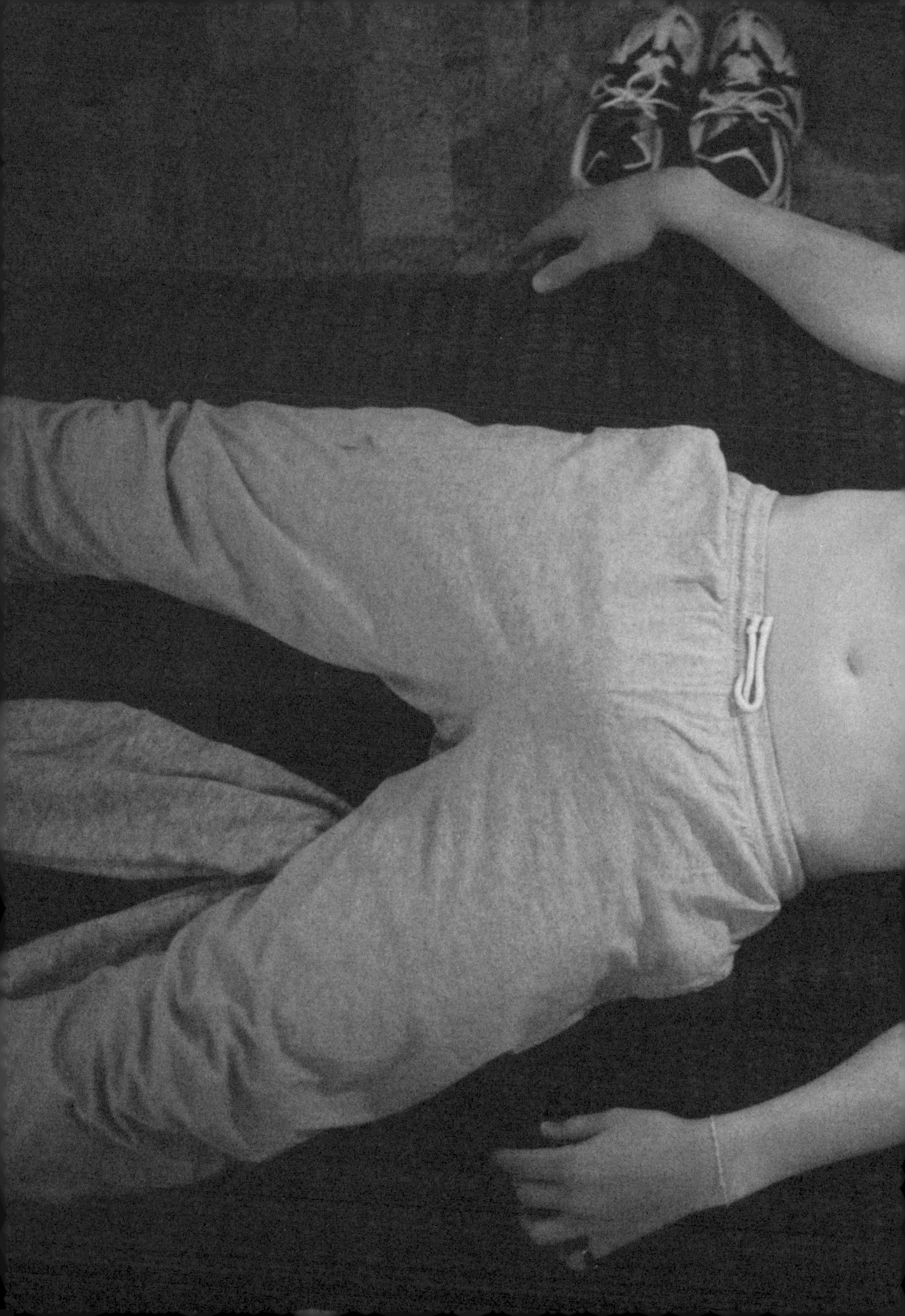

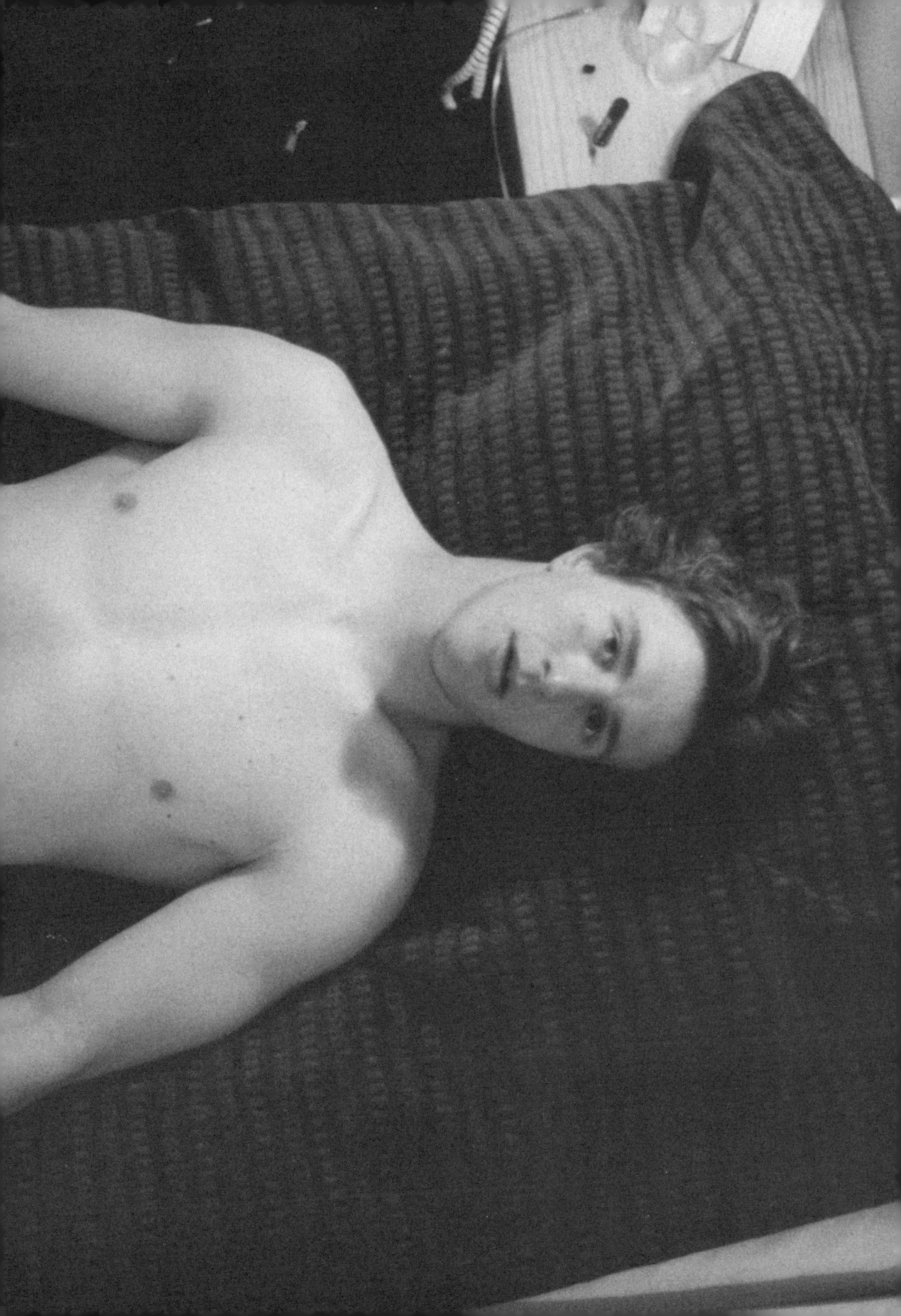

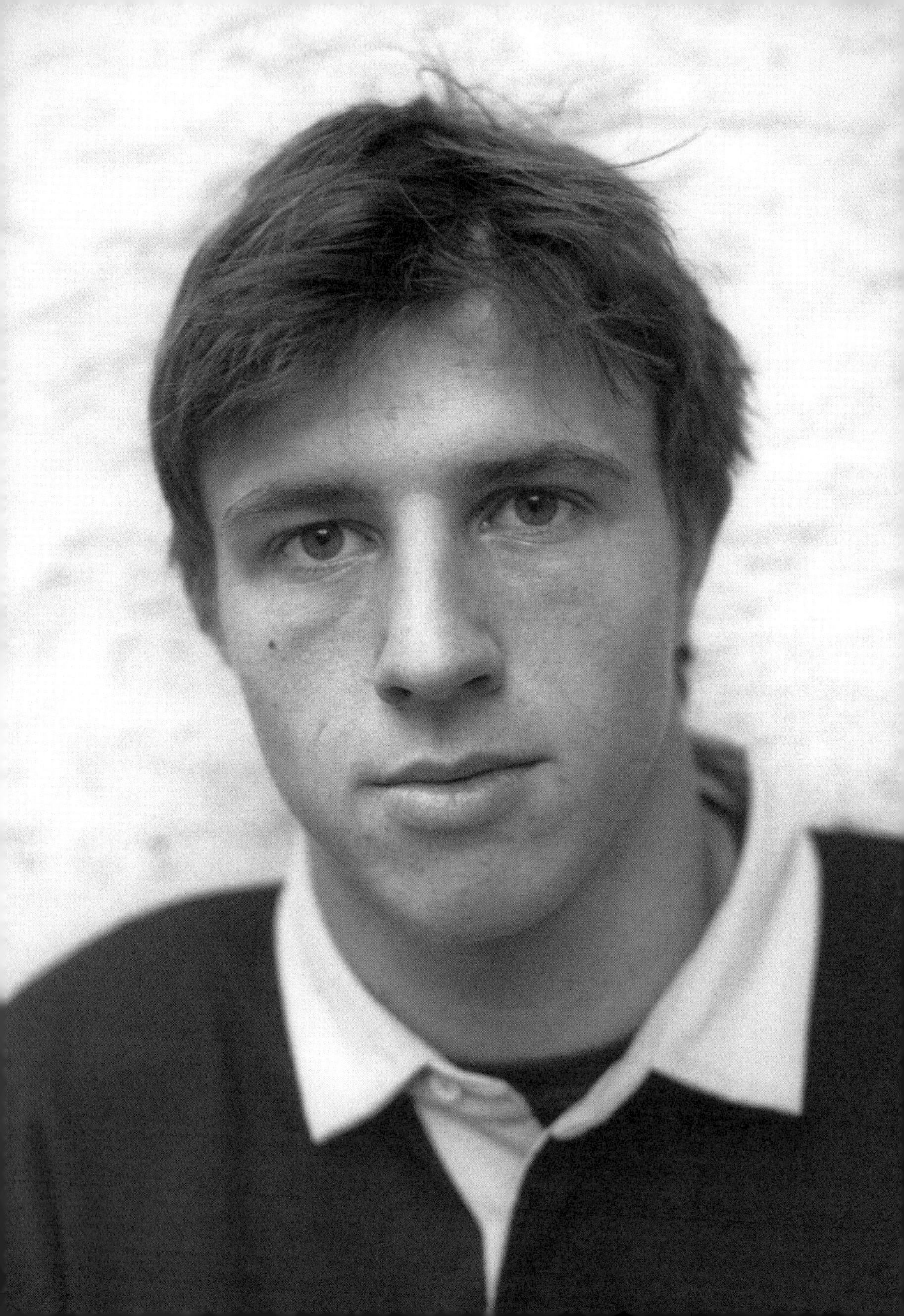

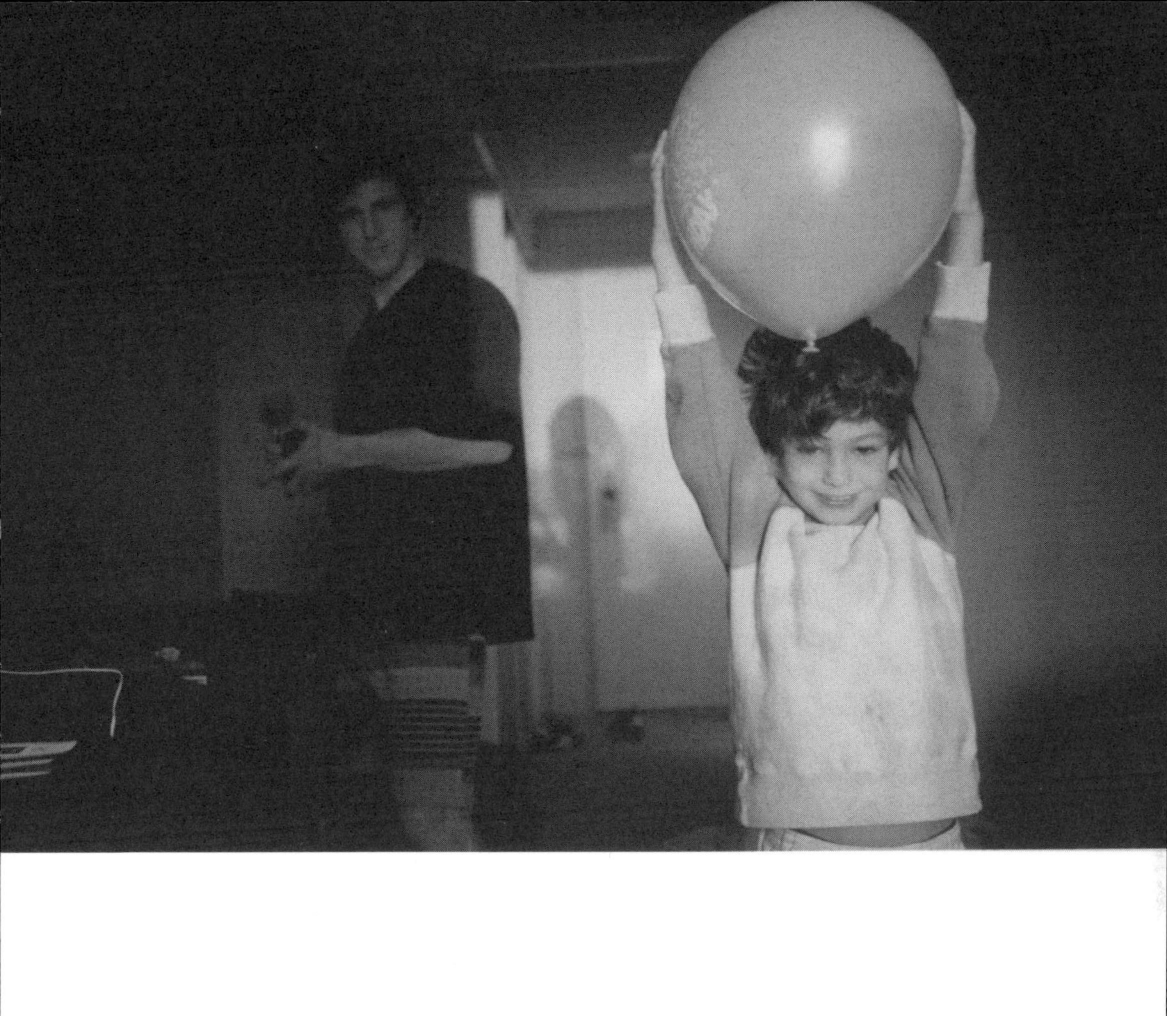

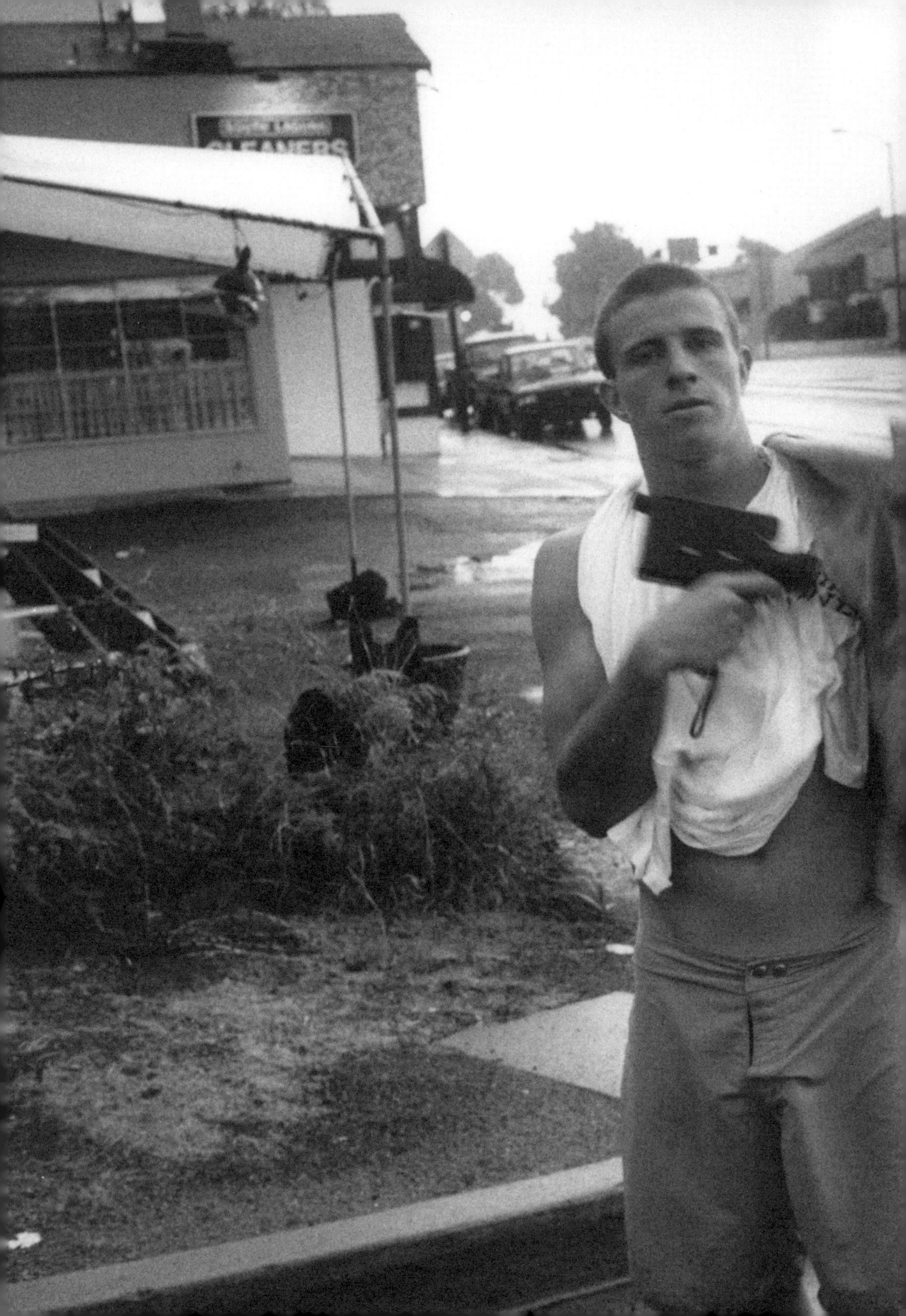
CLEANERS

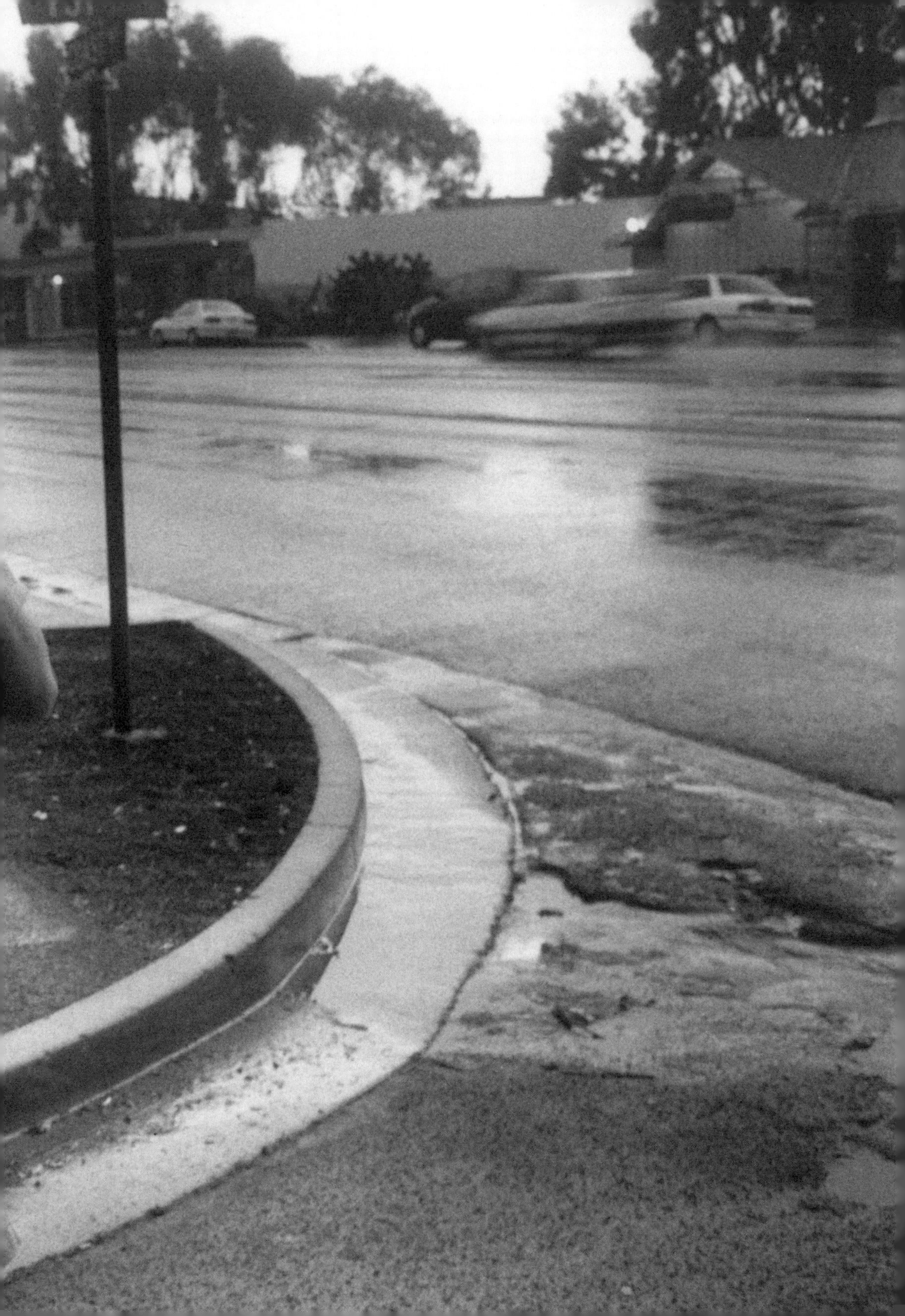

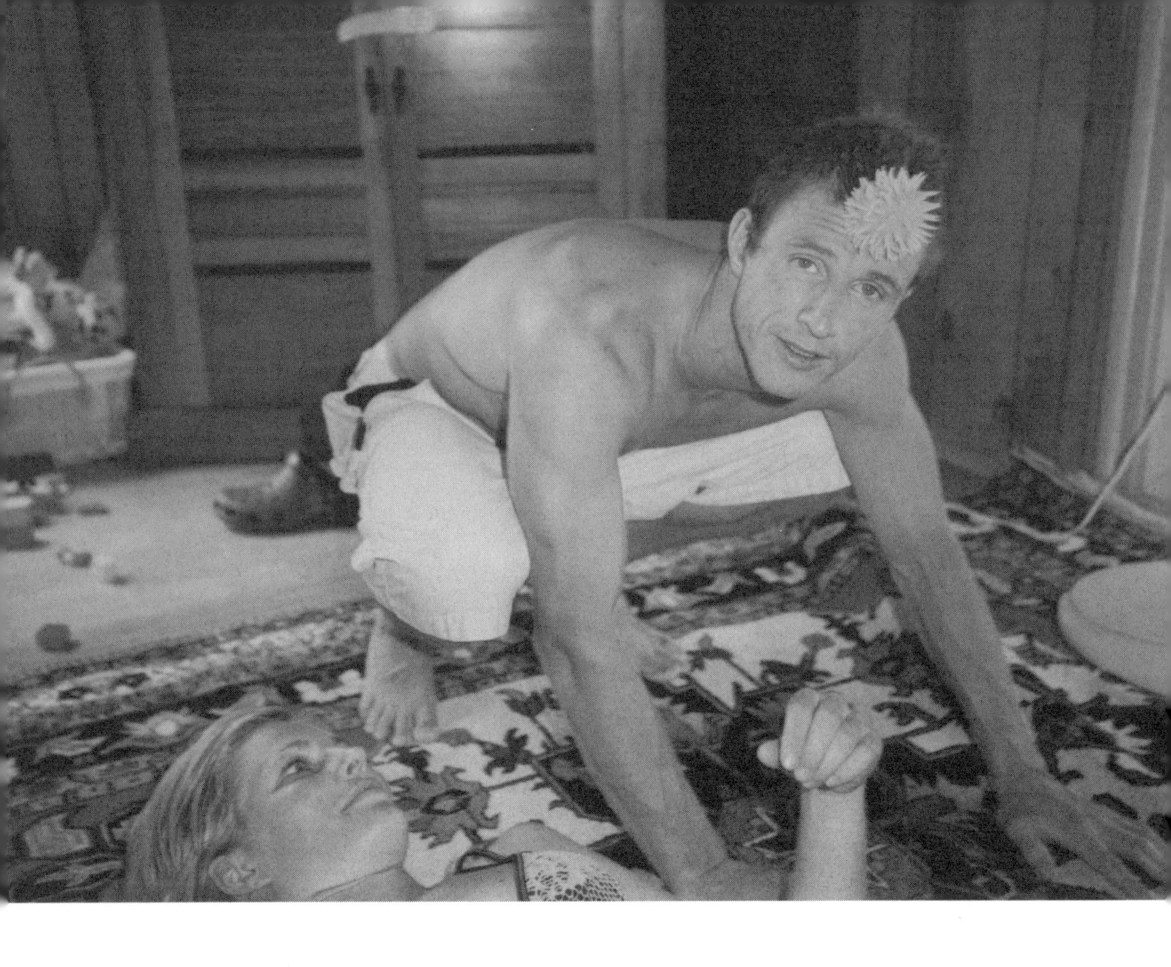

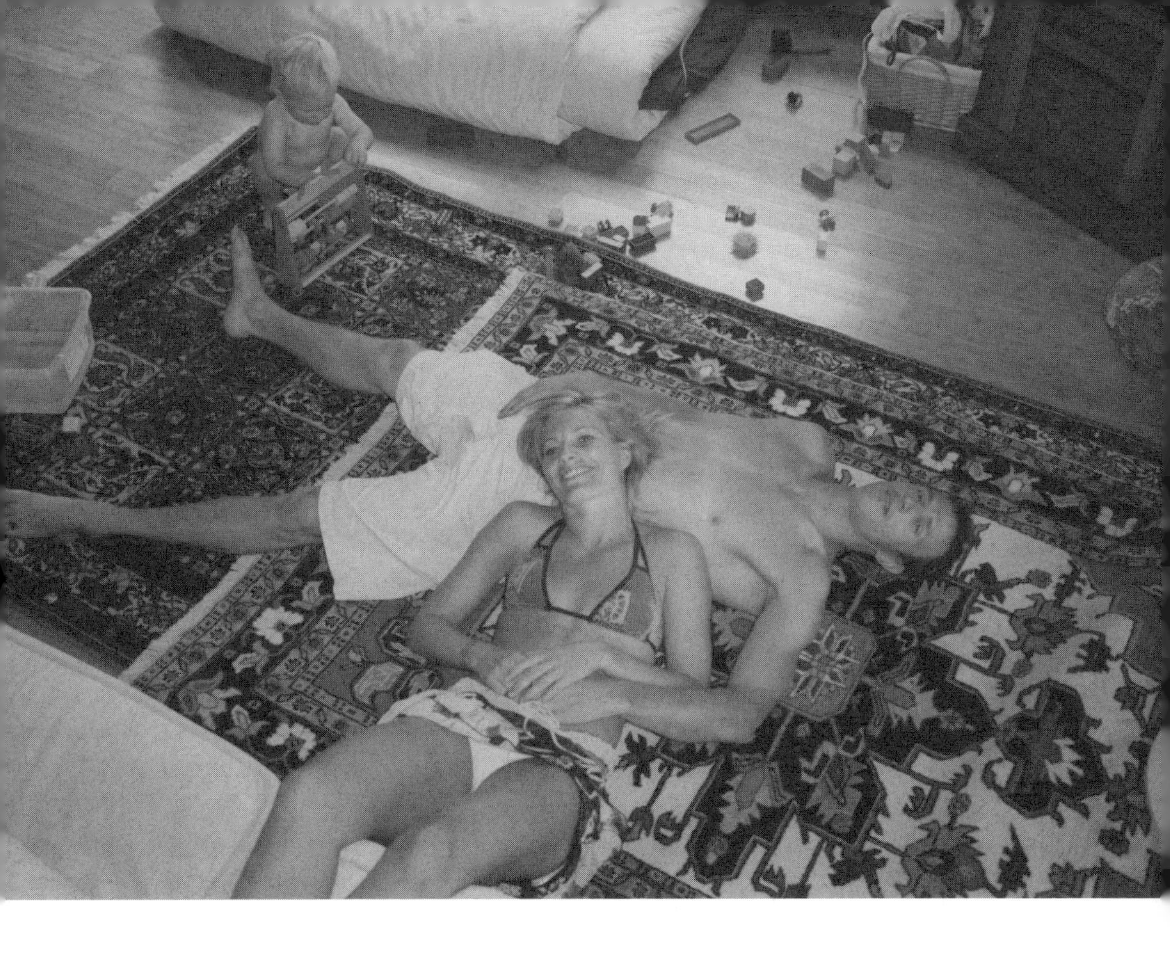

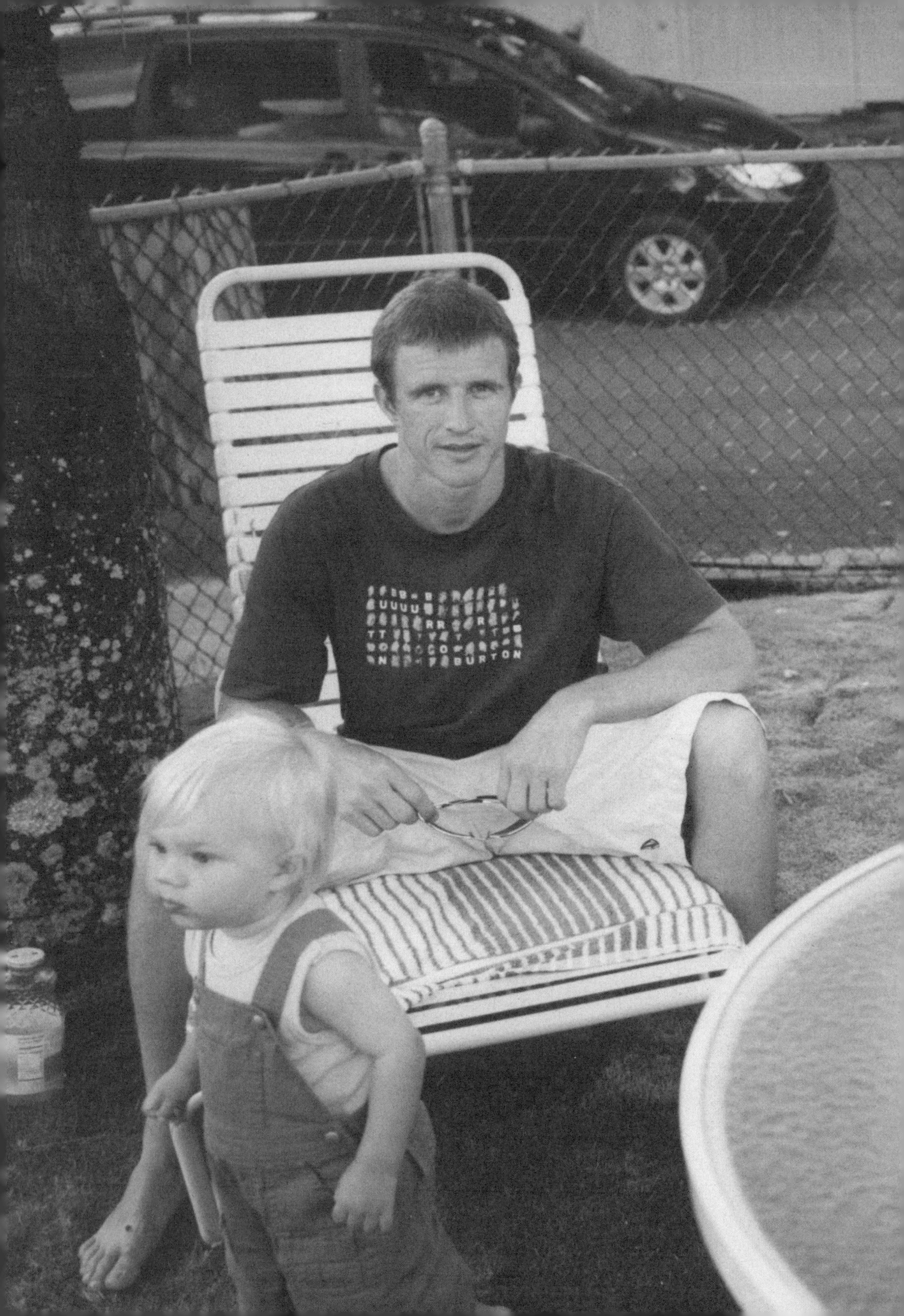

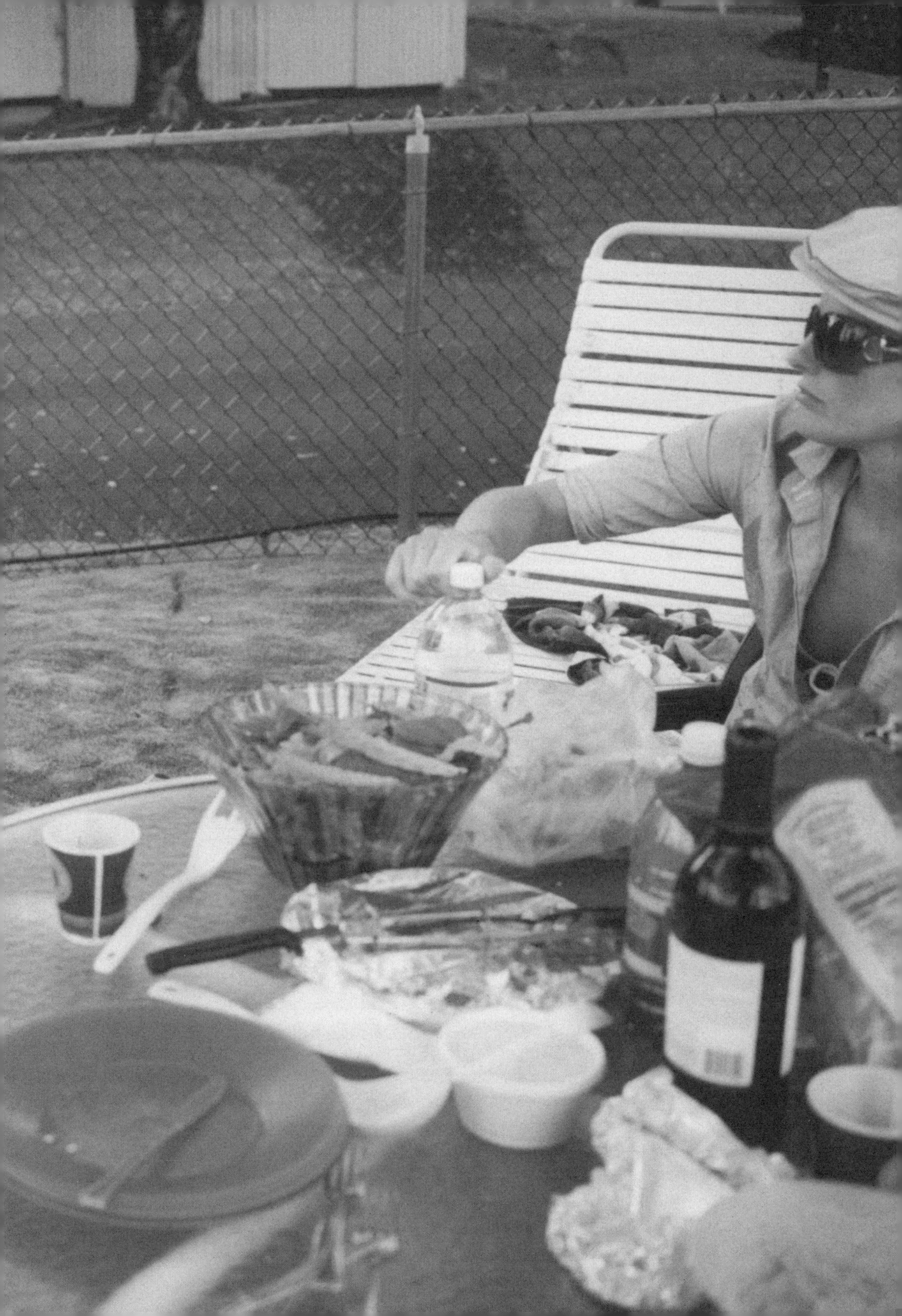

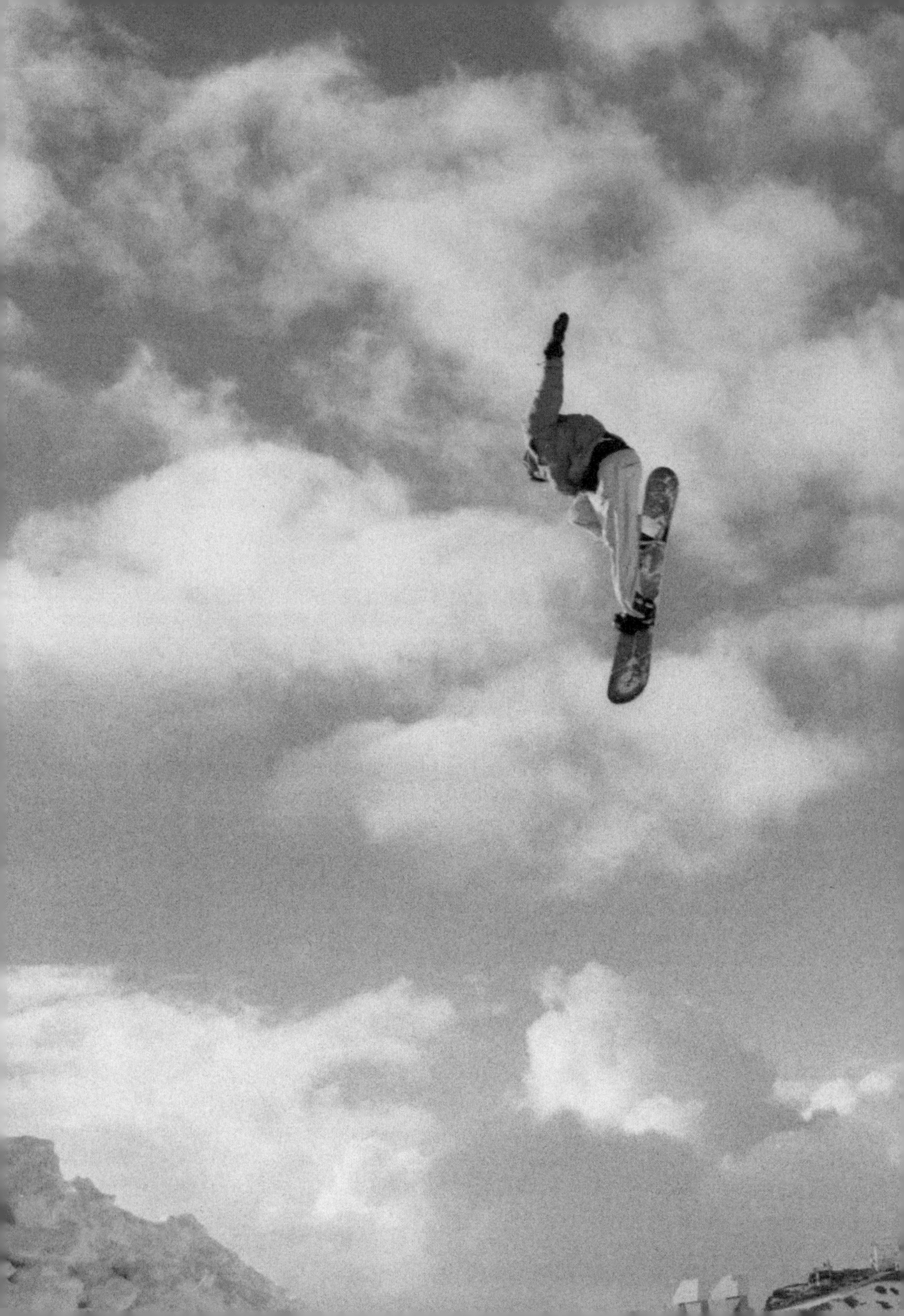

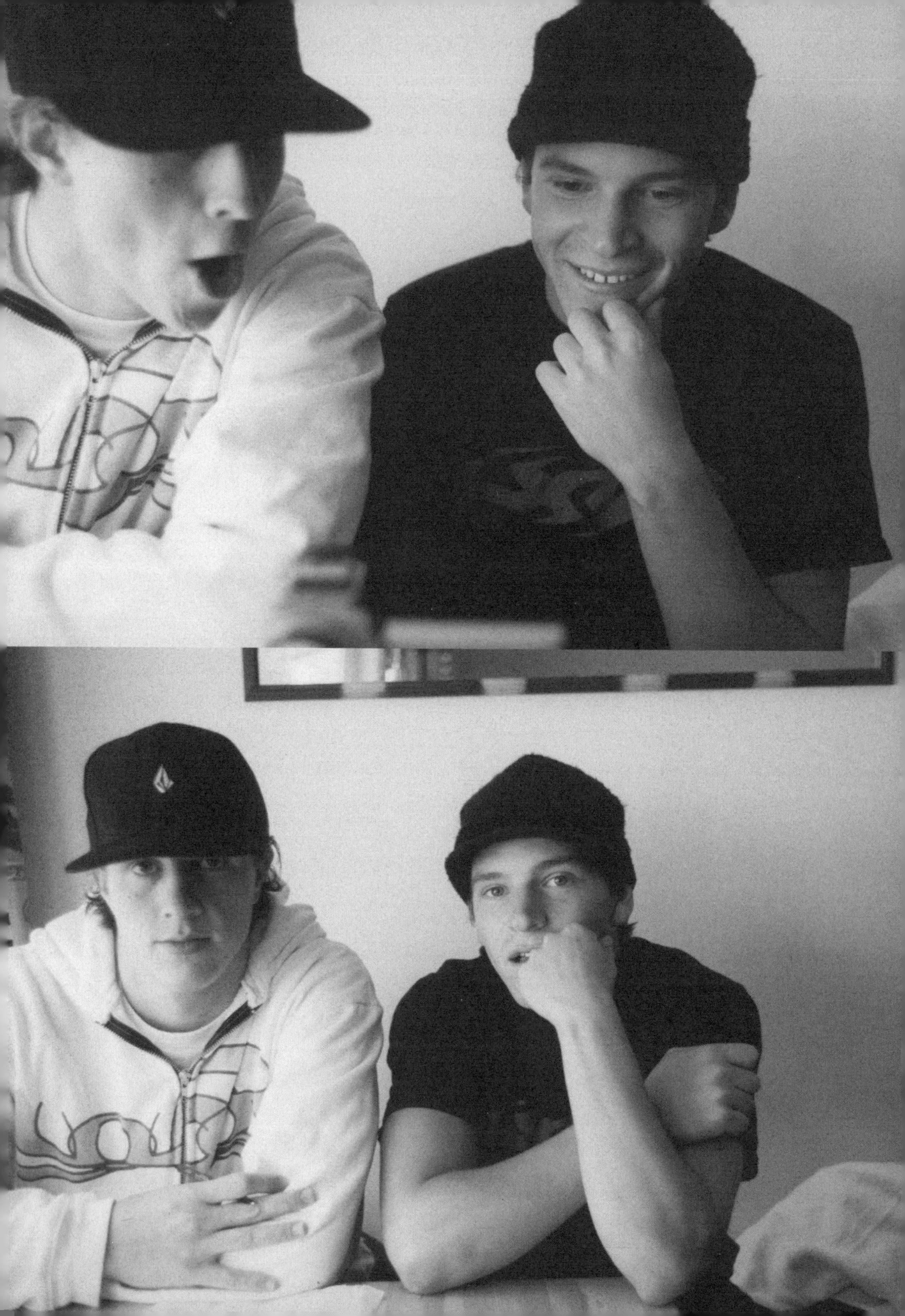

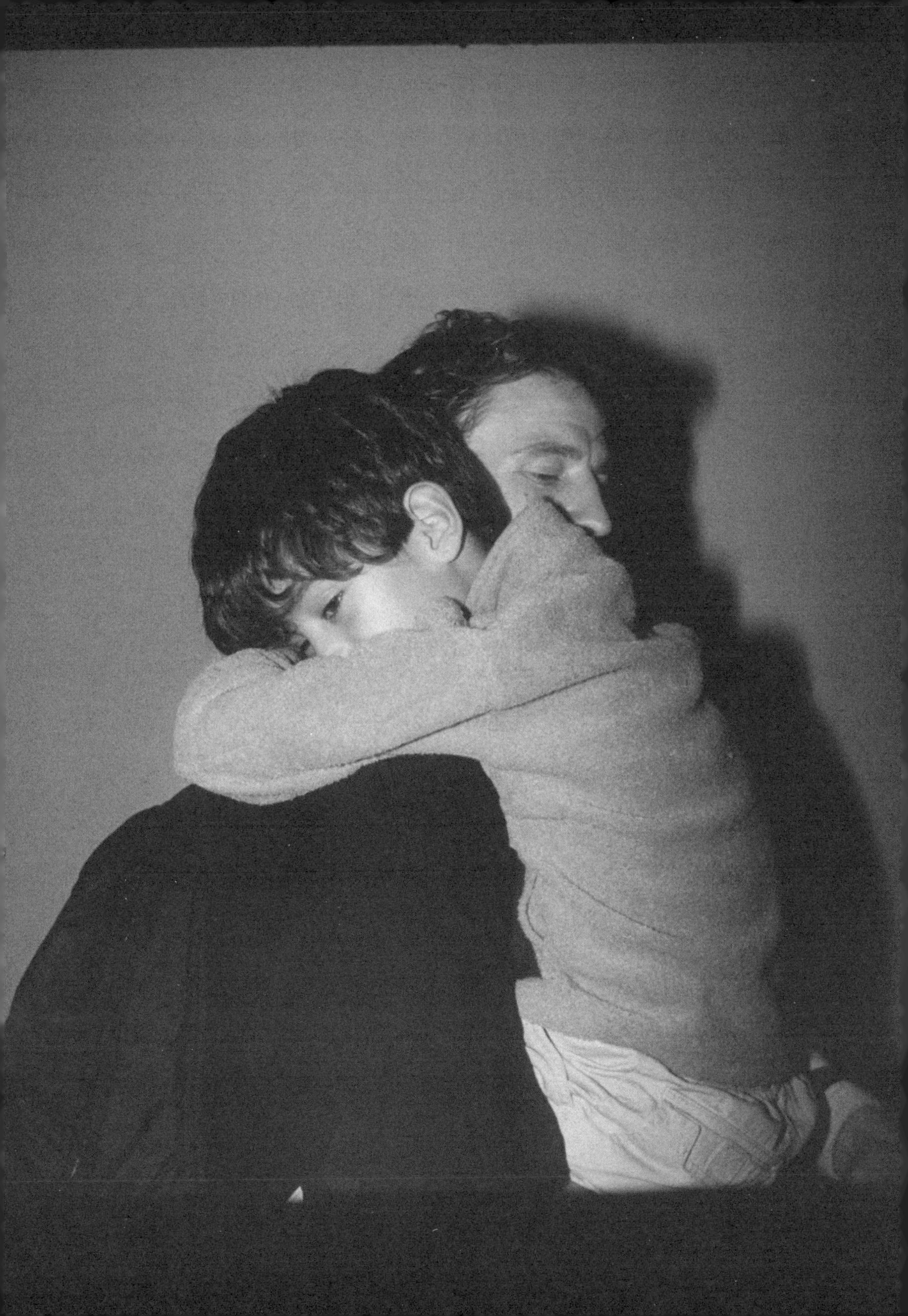

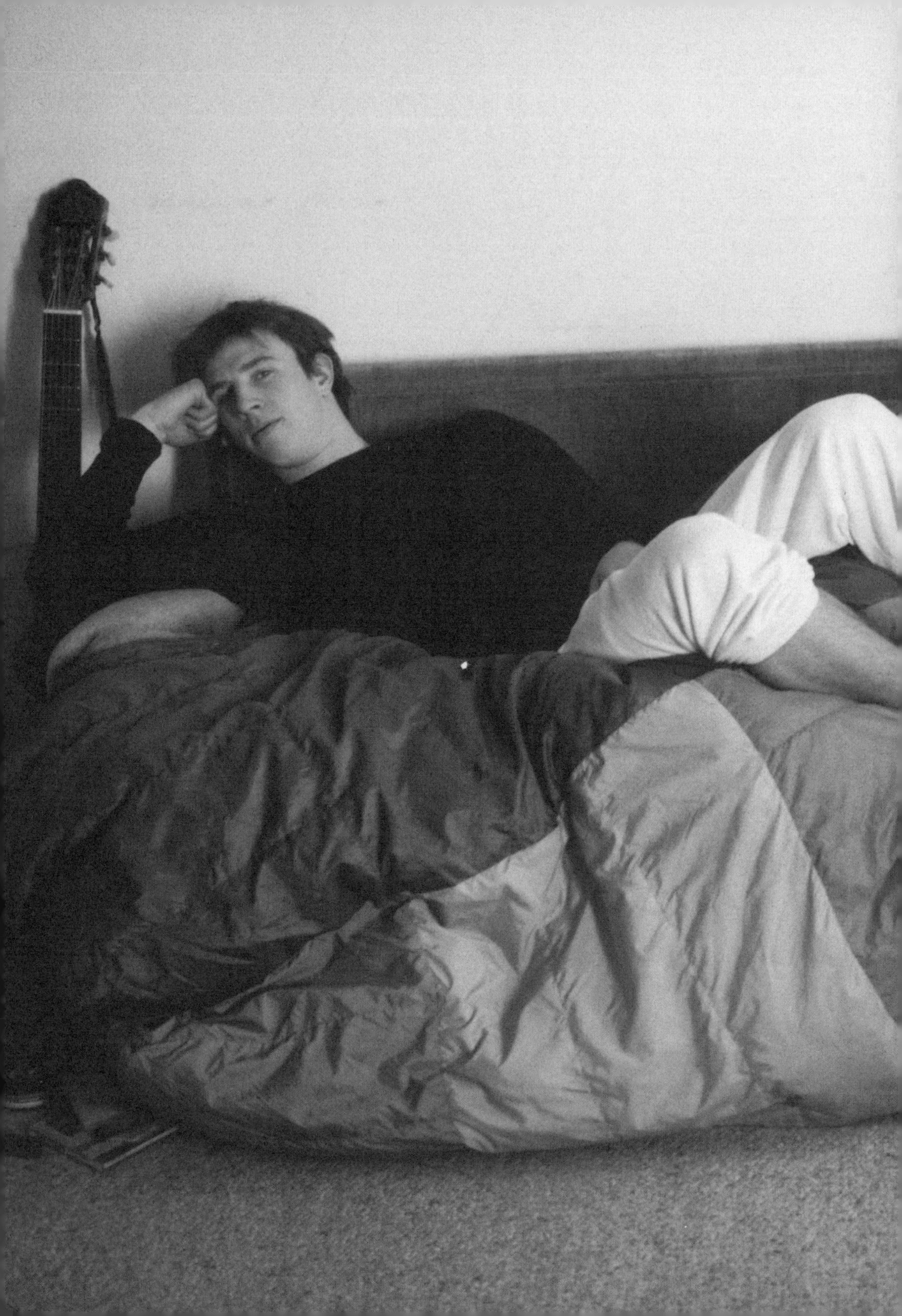

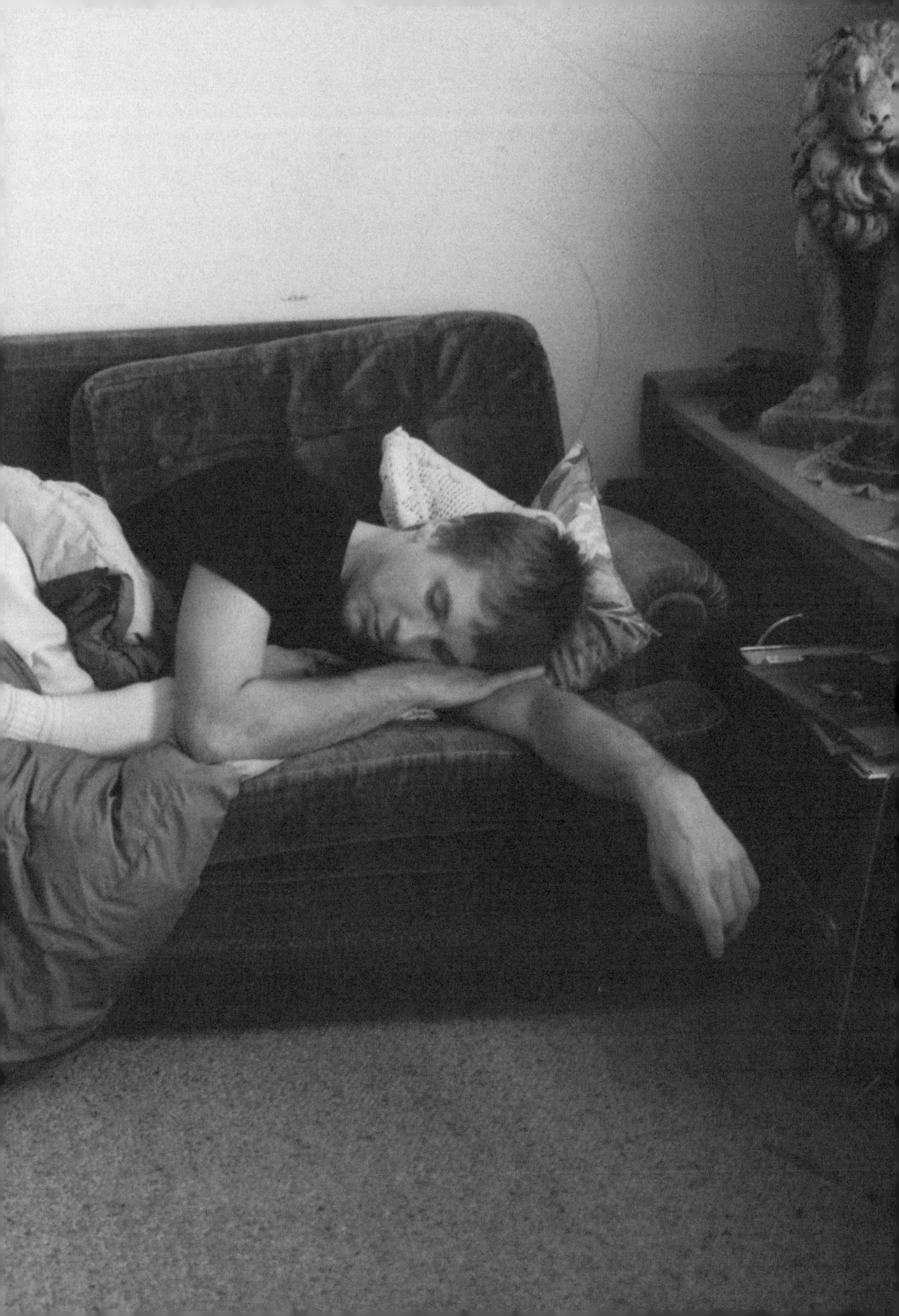

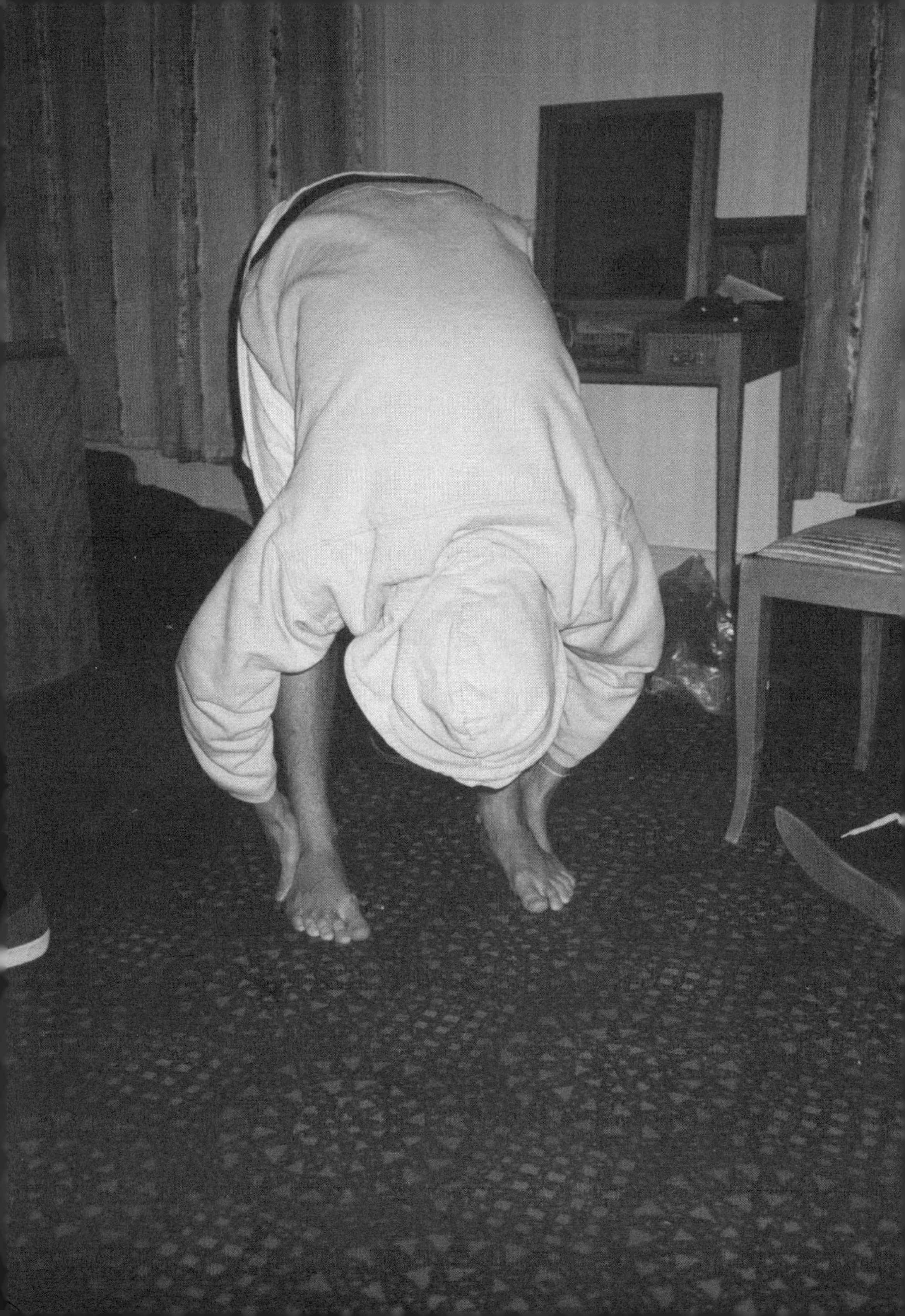